ACHILLE FOULD

Né à Paris le 17 novembre 1800

Mort à Tarbes le 5 octobre 1867.

1867

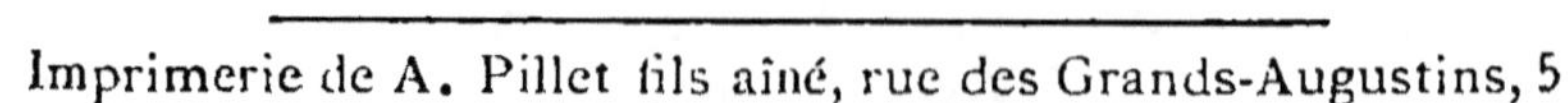

Imprimerie de A. Pillet fils aîné, rue des Grands-Augustins, 5

JOURNAUX

ET

DISCOURS

JOURNAUX

Le *Moniteur* annonce en ces termes la mort de M. Fould :

« S. Exc. M. Achille Fould, membre du conseil privé, sénateur, grand-croix de la Légion d'honneur, est mort subitement hier au soir, à son château de La Loubère, près de Tarbes.

« La perte de l'homme éminent et dévoué qui fut plusieurs fois ministre des finances et ministre d'État, et qui rendit tant de services au pays et à l'Empereur, causera en France une émotion profonde et inspirera d'unanimes regrets. »

M. Fould avait toujours été, sous le second Empire, partisan des économies et de la paix. On le savait contraire aux expéditions lointaines, aux expériences hasardeuses en matière de finances, et nous espérons bien que les idées qu'il s'efforçait de faire prévaloir conserveront toute leur influence dans les conseils du gouvernement. Sa mort imprévue a été accueillie par des regrets sincères et universels.

(*Journal des Débats.*)

Nous écrivons ces lignes sous le coup de la plus douloureuse émotion.

Nous apprenons à l'instant que M. Fould est mort hier au soir à Tarbes, enlevé subitement par un mal dont nous ignorons encore la nature.

La France perd en lui un de ses hommes d'État dont l'intelligence était la plus sûre, la plus droite, la plus pratique ; l'Empire, un de ses conseillers les plus fidèles et les plus dévoués.

L'heure actuelle est toute à la douleur et aux regrets ; le moment n'est pas venu de rappeler la part considérable que M. Fould a eue dans l'histoire de

notre temps ; elle est écrite dans tous les événements
du règne de Napoléon III.

Mais ce qui se dégagera de l'émotion générale,
c'est, à côté des grandes qualités du ministre et
de l'homme politique, le souvenir de ces qualités
du cœur et de l'esprit, de la bienveillance dans
l'autorité, de l'affabilité personnelle qui ont rattaché
à M. Fould le dévouement de tous ceux qui ont
eu l'honneur de l'approcher ou de vivre dans son
intimité.

Cette mort soudaine, qui enlève encore au gouvernement un de ceux qui ont été associés depuis
plus de quinze ans à tous les actes de la politique
impériale, retentira dans le pays comme un de ces
événements qui ont l'importance d'un deuil public.

J. Cohen.

(*La France,* 7 octobre 1867.)

Une douloureuse nouvelle nous surprend et nous accable. M. Achille Fould est mort dans la journée d'hier. Rien ne faisait prévoir ce fatal événement. M. Fould avait quitté Paris, il y a quelques semaines, se félicitant de sa santé qui n'avait jamais été meilleure que depuis sa retraite des affaires. Il était allé aux Eaux-Bonnes, moins par besoin que par précaution, et pour s'assurer un bon hiver ; et il était revenu à Tarbes passer quelques jours dans l'habitation qu'il s'y était créée et qu'il se plaisait à embellir d'année en année. Jamais il ne s'était senti plus heureux, au milieu de cette population sympathique au sein de laquelle il ne comptait que des

amis et des obligés. Il faisait peu à peu les prépara-
tifs de son retour à Paris, où sa famille et ses amis
l'attendaient dans une sécurité absolue, lorsque la
mort est venue le foudroyer.

Ce n'est pas ici le moment d'apprécier la carrière
politique et financière de M. Fould. Elle est pré-
sente à l'esprit de tous. Personne ne nous démen-
tira quand nous dirons que si M. Fould n'a pas fait
tout le bien qu'il a voulu, il a fait tout le bien qu'il
a pu faire. Il avait, en finances et en politique, des
vues justes et élevées, qu'il défendait avec convic-
tion et avec fermeté, et qu'il n'a pas toujours dé-
pendu de lui de faire prévaloir. Il devait son autorité dans le monde des affaires moins encore à sa
grande expérience et au talent dont il avait fait
preuve qu'à la connaissance que l'on avait de ses
opinions économiques et de sa résolution à les défendre.

Lorsque l'impartiale histoire, soulevant tous les
voiles, fera la part des hommes qui, à des titres di-
vers, ont coopéré au rétablissement et à l'affermis-
sement de l'Empire, elle n'en placera aucun au-
dessus de M. Fould pour la droiture et la solidité
du caractère.

L'Empereur perd en M. Fould un serviteur la-
borieux et éprouvé, et, ce qui est plus regrettable

encore, un ami sincère. M. Fould était du petit nombre des hommes qui savent dire la vérité aux souverains. Il s'était fait une loi de donner explicitement et loyalement son avis chaque fois qu'il lui était demandé ; et il estimait que son affection pour l'Empereur et le juste souci de l'avenir de son propre nom lui imposaient le devoir de ne rien taire de la vérité. S'il se préoccupait plus d'être utile que d'être agréable, personne, en même temps, ne pouvait être plus dévoué ; personne ne supportait plus patiemment, dans un intérêt public, les injustices de l'opinion, le dénigrement de ses travaux et jusqu'au travestissement de ses idées.

Il nous sera permis, à nous qui avions, depuis longues années, l'honneur de le connaître et qui l'avions toujours trouvé le même, après comme avant son élévation, d'ajouter quelques mots à l'honneur de l'homme privé. Personne, parmi les puissants du jour, ne fut plus accessible, plus affable, plus ouvert à la critique et à la contradiction, plus disposé à rendre service. Sa bienveillance n'avait rien de banal : ce n'était pas chez M. Fould ce vernis de courtoisie que donnent la politesse et l'éducation ; c'était l'expansion d'un cœur facile à émouvoir, et naturellement généreux ; quant à son amitié, quand on l'avait conquise, on la trouvait infatigable et d'une fidélité à toute épreuve.

Avons-nous besoin de dire le noble usage que M. Fould a toujours fait de sa grande fortune ; sa bourse toujours ouverte pour la charité, ses goûts élevés, ses constantes sympathies pour les lettres et les arts ? Les faits sont là qui parlent plus haut que nous ne saurions le faire.

CUCHEVAL-CLARIGNY.

(*La Presse,* 7 octobre 1867.)

A M. Cohen, rédacteur en chef de la France.

Mon cher ami,

La nouvelle de la mort de M. Fould me surprend ici et me cause comme à vous la plus douloureuse émotion. Je ne saurais résister aux sentiments qui m'agitent, et j'interromps un instant les travaux qui m'absorbent pour m'associer à l'hommage si touchant que vous lui avez déjà consacré.

Je suis un de ceux peut-être auxquels les circonstances ont permis de juger de plus près l'homme éminent que nous pleurons. L'heure n'est pas encore venue de révéler des faits intimes qui, plus encore que ses actes officiels, mettent en pleine lumière sa ferme indépendance et son esprit supérieur. Qu'il me suffise de dire que, conseiller fidèle d'un gouvernement auquel il avait voué sa vie, il comprenait que le premier devoir d'un ministre envers un souverain qui ne veut que le bien, c'est de lui donner les moyens de le faire, en ne le trompant jamais.

A ce devoir, il eût tout sacrifié. Le ministère d'État, qu'il a occupé après M. le comte de Casabianca jusqu'au décret du 24 novembre 1860, le mettait alors en contact permanent avec l'Empereur. Dans ce poste si élevé, auquel aboutissaient tous les rapports du gouvernement avec la couronne, il fallait un homme dont l'autorité fût aussi incontestable que l'expérience. Premier confident de l'initiative impériale, il en était aussi l'auxiliaire le plus important, et, pour la seconder comme pour l'éclairer, il sut toujours se maintenir dans cette mesure si difficile, où le dévouement qui s'impose est presque aussi dangereux que la responsabilité qui s'efface.

Conservateur par instinct, libéral par réflexion, il était l'adversaire de tous les excès. Associé longtemps à un régime qui n'avait pas alors, comme aujourd'hui, les contrôles des pouvoirs constitutionnels, il croyait que les hommes étaient rigoureusement tenus de suppléer aux institutions, et que la politique modérée était la seule qui pût convenir à la France.

De telles dispositions le rendaient naturellement favorable au progrès des libertés publiques. S'il s'était retiré après les décrets du 19 janvier, ce n'est pas parce qu'il en désavouait la pensée. Sa retraite tenait à d'autres causes. Il assistait avec une sympathie marquée au développement de l'Empire libéral, et les idées qui nous étaient communes sur ce point, ne contribuaient pas peu à former entre nous cette solide amitié dans laquelle je trouvais toujours tant de charme, et souvent de si utiles conseils.

Il croyait fermement que nous devions revenir de plus en plus aux formes et aux garanties du gouvernement constitutionnel, et il ne doutait pas que la sagesse de l'Empereur ne confirmât cette prévision.

Nous avions un ami commun, une grande intelligence, une âme aussi haute que généreuse : M. Cousin, dont il déplorait vivement la mort et qu'il devait suivre de si près ! M. Cousin ne servait pas l'Empire ; mais il en comprenait la mission, et il avait pour l'Empereur une sympathie qu'il ne cachait pas.

Il y eut souvent entre M. Cousin et M. Fould

de ces entretiens sérieux où ces deux éminents esprits échangeaient leurs vues et leurs idées. L'habile ministre aimait à frapper à la porte de l'illustre
philosophe. Quand il sortait de cette petite chambre
de la Sorbonne, si remplie de grands souvenirs et
de vivantes inspirations, il se sentait l'esprit plus
ferme, et lui, le financier, l'homme positif, il me
disait parfois : « La philosophie, c'est la vraie
science ; en élevant la raison des hommes, elle per-
met aux peuples d'aspirer à la liberté et aux gouvernements de la donner. »

Cette tendance était de plus en plus marquée
dans l'esprit de M. Fould, comme si l'approche in-
visible de l'heure suprême devait éveiller en lui les
pensées qui en adoucissent l'amertume et qui ou-
vrent les horizons infinis. Elle lui donnait, dans la
retraite où il vivait depuis huit mois, quelque chose
de plus élevé, de plus recueilli. Son intelligence, toujours aussi nette, aussi lucide, aussi pratique, se
ressentait de l'influence de ces idées, et il parlait de
toutes choses avec un désintéressement, une équité
et un oubli de toute personnalité qui frappaient
tous ses amis.

Vous avez bien raison de le dire, mon cher ami,
la mort de M. Fould est une grande perte pour la
France, et rien n'est mieux justifié que l'impres-

sion si profonde qu'elle a produite partout.

Il y a dans notre pays des traditions, des habitudes qui créent de véritables familles d'hommes d'État. A travers les régimes si différents par lesquels nous avons passé, ces hautes facultés de l'esprit politique, ces qualités si rares de la vie publique sont toujours les mêmes ; elles se reconnaissent à des signes que les révolutions et le temps ne sauraient modifier.

Eh bien, ce que l'on peut dire de mieux pour caractériser le rôle de M. Fould, c'est qu'il fut un grand serviteur de l'État, c'est qu'il en eut la modération, la fermeté, l'indépendance. Dans les réformes financières qu'il a accomplies et auxquelles son nom restera attaché, il n'eut qu'une pensée : ajouter à la force du gouvernement, en élargissant les garanties du contrôle. Telle fut toujours sa règle de conduite : servir le pays et affirmer son dévouement au souverain par un patriotisme intelligent et actif.

C'est pour cela que M. Fould comptera parmi les ministres qui laissent un nom et une mémoire.

Mille amitiés.

LA GUÉRONNIÈRE.

Le Queyroix, 8 octobre 1867.

(La France, 11 octobre 1867.)

Les obsèques de M. Fould auront lieu demain ; avant que la tombe ne se close irrévocablement sur cet homme supérieur dont le nom demeurera impérissablement attaché à la restauration du second Empire et à l'histoire de ses plus brillantes années, nous voudrions essayer de fixer les principaux traits de cette physionomie, d'indiquer les côtés les plus saillants de ce caractère politique.

M. Fould, déjà entré dans les affaires publiques avant 1848, sorti d'ailleurs d'une de ces familles de la haute banque qui sont une école de politique et qui créent des traditions, se trouva, dès le retour du prince Louis-Napoléon en France, l'un des per-

sonnages en vue, l'un de ceux dont le concours était
le plus désirable pour l'organisation du régime qui
allait se fonder. Aussi, au lendemain du coup d'É-
tat, il fut chargé du portefeuille des finances, et son
nom fut considéré par l'immense masse du parti
conservateur, ralliée dès lors à l'Empire, comme un
gage assuré de bon ordre et d'intelligente administration.

M. Fould possédait la confiance du public financier. Dès le début, ce monde si prompt à l'inquié-
tude regarda sa présence aux affaires comme une
garantie de sécurité ; on connaissait ses principes
financiers, c'étaient ceux de cette grande école que
j'appellerais volontiers l'école de la finance classi-
que, qui commence avec Sully, qui se continue par
Colbert pour arriver jusqu'à lui en passant par le
duc de Gaëte, M. Mollien, M. de Villèle et le baron
Louis. Rien de plus simple, mais aussi rien de plus
raisonnable et de plus clair que les principes de
cette école, que la finance empirique et téméraire
de nos jours a plus d'une fois tenté de ridiculiser ;
rigoureux bon ordre, économie sévère, équilibre des
budgets, c'est à quoi se réduisent en définitive les
axiomes de ces financiers du bon sens.

C'est de ce premier ministère de M. Fould que
date, je le crois, une maxime qui lui était chère et

dans laquelle on peut résumer toute la politique de ces dernières années. « Je déteste, disait-il, le désordre dans la rue et le déficit dans les budgets, autre forme du désordre. »

Qu'on ne croie pas cependant que ce financier économe fût systématiquement hostile à toute idée d'innovation, et la preuve c'est que la plus grande, la plus féconde idée financière du règne, celle des emprunts par voie directe et souscription publique, fut appliquée par lui avec un empressement, une hardiesse et un succès que personne n'a oubliés. L'emprunt direct dota le gouvernement d'une puissance et de ressources que les plus audacieux jusqu'alors n'avaient pas osé prévoir. On acquit avec lui le pendant financier du suffrage universel, innovation éminemment conservatrice, car en poussant à la multiplication presque indéfinie des petites inscriptions, elle a intéressé à l'inviolabilité du grand livre l'immense majorité des citoyens.

M. Fould crut devoir résigner son portefeuille à l'occasion du décret relatif aux apanages de la maison d'Orléans. Rien n'a jamais prouvé qu'il eût condamné cet acte d'une politique décisive, qu'on ne peut juger que du point de vue de la raison d'État. Mais entré dans la carrière politique sous le régime précédent, et quoique sans aucune attache personnelle, ayant eu quelques relations avec les membres de la famille d'Orléans, il jugea qu'il y avait convenance à demeurer étranger à un acte qu'il pouvait regarder comme nécessaire.

Ici on peut indiquer déjà l'un des traits les plus honorables de son caractère, l'un de ceux qui prouvent le mieux sa nature d'homme d'État : je veux parler de la décision aisée avec laquelle il sortait du ministère quand il lui semblait que son autorité personnelle ou que le bien des affaires se trouveraient mieux de sa retraite que de sa persistance au pouvoir.

Mais cette indépendance de caractère, si honorable et si rare chez le serviteur dévoué d'un gouvernement, servit en même temps à prouver la hauteur de vue et la libéralité de jugement du souverain. Peu après sa retraite des finances, M. Fould fut appelé au ministère d'État, auquel s'adjoignit peu après l'important ministère de la maison de l'Empereur. Le ministère d'État, à cette époque, n'était point ce que nous le voyons aujourd'hui ; il était en même temps plus et moins qu'à présent : moins, puisqu'il n'avait pas ce ministère de la parole, cette défense oratoire du gouvernement qui a répandu tant d'éclat, grâce à l'éloquence de deux grands orateurs ; mais comme le gouvernement alors était plus

concentré, le ministre d'État, intermédiaire constitutionnel entre l'Empereur et tous les grands corps
de l'État, exerçait sur l'universalité des affaires
une action incessante et directe.

M. Fould porta dans cette grande charge son
sens d'ordre, son exactitude, sa clarté. En toutes
choses il avait le goût des solutions ; l'incertain et
l'indéfini choquaient son esprit ferme ; mais comme
d'ailleurs il était fort prudent, très au fait de toutes
les difficultés que la variété et l'incohérence de la
nature humaine glissent incessamment dans le
cours des affaires en apparence les plus simples,
tout en poursuivant les solutions, il savait deviner
les plus pratiques et les moins difficultueuses. En
somme, il était doué d'un des esprits les moins chi-
mériques qu'on pût rencontrer. Point de chimère
et une active volonté, n'est-ce pas tout l'abrégé des
qualités de l'homme d'État ? Sous son ministère, le
Louvre fut achevé ; ce fut lui qui fit triompher le
plan de Visconti.

Il faut dire quelques mots de l'organisation de la
maison de l'Empereur, à laquelle il présida au point
de vue administratif, une très-grande œuvre et pleine
de délicates difficultés : il s'agissait de concilier la
liberté d'action dans le cercle de leurs attributions,
des grands officiers de la couronne, avec l'ordre et la

régularité d'une bonne gestion financière ; il s'agissait, en outre, de délimiter les attributions d'un chacun, de fixer le règlement des services. Tout était à faire et tout fut fait avec une sûreté de main, une méthode admirables. L'administration financière de la liste civile fut fondée sur les bases qui la soutiennent encore aujourd'hui.

M. Fould quitta le ministère à la suite des décrets du 24 novembre 1860 ; nouvelle preuve que le trait dominant de son caractère était la facilité d'abandonner le pouvoir. M. Fould désapprouvait-il donc le développement libéral que les décrets du 24 novembre apportaient à nos institutions ? Ceux qui ont le mieux connu sa pensée affirment le contraire ; il était libéral par raison, il sentait qu'on devait travailler à opérer une sorte de détente progressive, une espèce de désarmement gradué dans le système concentré, fondé en réaction des excès de 1848. Mais il est possible qu'au moment du 24 novembre, il eût souhaité plus de préparations, moins de soudaineté dans la réforme ; il est possible aussi qu'il crût que cette situation nouvelle demandait des hommes nouveaux.

Nous n'avons nul besoin d'insister sur sa dernière rentrée aux affaires, elle fut mémorable. Qui ne se souvient de ce mémoire sur l'état de nos finances, si ferme, si clair, si décidé à exposer la vérité tout entière, et de la réponse de l'Empereur, chargeant le conseiller véridique et rigoureux de réparer le mal et d'appliquer les réformes proposées? Ces réformes : suppression des crédits extraordinaires, nouvelle division du budget, conversion de la rente, donnèrent une partie des résultats qu'en attendait le grand ministre; mais sur plus d'un point, on le sait, les circonstances furent plus fortes que sa volonté.

Fidèle au système de toute sa vie, M. Fould avait quitté le ministère à la suite de la lettre du 19 janvier. Il savait par expérience que, ministre ou non, il conserverait la confiance du souverain, et qu'il serait toujours le conseiller des moments difficiles ; il avait des opinions, un système, une personnalité dont l'importance le soutenait avec ou sans le pouvoir. Son nom représentait quelque chose, et c'est par là qu'il restera au premier rang des hommes d'État du second Empire.

Saint-Valry.

(*La Patrie,* 14 octobre 1867.)

DISCOURS

OBSÈQUES DE M. ACHILLE FOULD

A TARBES

le 10 octobre 1867.

Discours prononcé par M. Lacaze, séna-
teur, vice-président du Conseil général des
Hautes-Pyrénées, aux obsèques de M. Ach.
Fould, à Tarbes, le 10 octobre 1867 :

Messieurs,

A cette assistance si nombreuse, à ces foules
émues que nous venons de traverser, il se voit bien
que l'homme couché dans cette tombe fut de ceux
dont la mort est un deuil public.

La parole est de bien peu, en présence de mani-
festations pareilles. Quel témoignage, si éloquent
qu'on l'imagine, pourrait valoir celui-là? Quelle
autre marque de sympathie plus consolante et plus
douce pour cette famille si cruellement frappée et
d'une manière si imprévue?

Cependant, Messieurs, il a semblé à des amis que
c'était encore un pieux devoir à remplir de ne pas
laisser partir d'au milieu de nous la dépouille mor-
telle de M. Fould sans l'accompagner de quelques
paroles de suprême adieu.

Que ce soit mon excuse, si j'en avais besoin.

Je ne viens pas raconter sa vie publique; elle est
connue de tous; je ne viens pas non plus la juger,
la glorifier. Certes, j'aimerais à le faire et vous
aimeriez à l'entendre. Mais M. Fould a joué un
rôle si considérable, il a tenu tant de place dans les
conseils du Prince et dans les grandes affaires du
pays, que pour en parler comme il conviendrait ce
n'est pas assez d'un simple spectateur comme moi.
Il y faut une voix plus autorisée, un juge plus
compétent, quelqu'un qui aura été lui aussi acteur
ou témoin dans les principaux événements des dix-
huit dernières années et appelé par l'Empereur à le
servir, tout ce temps, dans les plus hautes fonctions
de l'État. Cette justice dernière, que d'augustes

regrets ont devancée, elle ne manquera pas, soyez-en sûrs, à la mémoire de M. Fould dans les solennités qui se préparent.

Ce que je puis et dois dire pour avoir vécu dans son intimité, c'est le dévouement sans réserve à la chose publique et à l'Empereur, l'inaltérable sérénité de son esprit dans les moments difficiles et la constance de ses amitiés politiques.

Mais ce n'est pas du ministre ni de l'homme d'État que je veux vous entretenir, bien que ce soit notre légitime orgueil de l'avoir donné à la France ; c'est de l'homme privé, de celui qui a été notre concitoyen pendant plus de trente ans ; autrefois l'élu, toujours le bienfaiteur de ce pays qu'il aimait tant de revoir ; le promoteur et le soutien de tout ce qui s'y est fait d'améliorations et de progrès.

Presque tous, vous l'avez connu ; dites s'il en fut un de plus bienveillant, d'une affabilité plus égale, d'une obligeance plus active et plus persévérante, et par-dessus tout fidèle à ses amitiés des premiers temps, comme on ne le fut jamais.

Sans doute, quand on a son chemin à faire ou son terrain à défendre, ces qualités sont aussi des moyens. Mais lui, dans sa haute position, avec sa grande existence, il n'avait plus à compter avec aucun de nous. C'était donc bien désintéressé ce qu'il en faisait, pour le plaisir si cher aux natures d'élite d'obliger, de servir, de faire le bien.

Dans sa présidence de notre conseil général il avait gagné le respect et l'affection de tous par l'heureuse simplicité de ses manières, par une familiarité toute naturelle où l'on ne sentait ni effort, ni condescendance. Sa direction, qu'il savait faire attendre, laissait aux discussions leur pleine liberté; mais quand il intervenait, c'était toujours avec une sûreté de jugement, une précision de langage, une netteté de vues qui laissaient deviner ce qu'il devait être dans les Conseils où l'on traite des affaires de la France.

Je n'oublierai jamais la dernière visite de corps que nous lui avons faite, l'émotion profonde avec laquelle, répondant à l'expression de nos sentiments, plus accentués que de coutume, il affirmait l'indissolubilité des liens qui l'attachaient à notre pays : « Rien que la mort, disait-il, ne pourrait les rompre. » Hélas ! la mort n'était pas loin.

Disons-nous, pour adoucir l'amertume de nos regrets, qu'elle n'aura pas eu la puissance de tout rompre, que nous pourrons encore, dans ceux qui survivent, honorer celui qui n'est plus et nous acquitter envers sa mémoire.

OBSÈQUES DE M. ACHILLE FOULD

A PARIS

le 14 octobre 1867.

Les obsèques de Son Exc. M. Achille Fould, membre du Conseil privé, sénateur, membre de l'Institut, ancien ministre d'État et de la Maison de l'Empereur, ancien ministre des finances, grand-croix de l'ordre impérial de la Légion d'honneur, ont été célébrées aujourd'hui avec une grande solennité.

Le corps du défunt, ramené du château de La Loubère, avait été déposé dans le temple de l'Oratoire Saint-Honoré, S. Exc. M. Achille Fould appartenant au culte protestant.

Au centre de l'église, entièrement tendue de noir,

sous un immense dais de velours, un catafalque avait été dressé pour recevoir les dépouilles mortelles.

Le deuil était conduit par MM. Adolphe Fould, député au Corps législatif, et Gustave Fould, fils du défunt, et par M. le comte de Breteuil, son gendre.

Les cordons du poële étaient tenus par S. Exc. M. Baroche, membre du Conseil privé, garde des sceaux, ministre de la justice et des cultes ;

S. Exc. le maréchal Vaillant, membre du Conseil privé, ministre de la Maison de l'Empereur et des beaux-arts ;

S. Exc. M. Vuitry, ministre présidant le conseil d'État ;

M. de Royer, vice-président du Sénat, remplaçant S. Exc. M. Troplong, président ;

M. Alfred Le Roux, vice-président du Corps législatif, remplaçant S. Exc. M. Schneider, président ;

M. Lefuel, directeur de l'Académie des beaux-arts.

L'Empereur s'était fait représenter par M. le général Rolin, adjudant général du Palais ;

L'Impératrice, par M. le duc de Tascher de la Pagerie, sénateur, premier chambellan :

S. A. I. le Prince Napoléon, par M. le colonel Ferri Pisani, un de ses aides de camp.

Dès onze heures, le temple était entièrement occupé par les hauts dignitaires, les députations des grands corps de l'État et des corps constitués, qui ont pris place dans l'ordre ci-après indiqué :

LL. EExc. les ministres et les membres du Conseil privé ;

LL. EExc. les maréchaux et les amiraux ;

Les membres du Sénat, du Corps législatif, du conseil d'État, de la cour de cassation, de la cour des comptes, de la cour impériale, de l'Institut, du tribunal de première instance, des consistoires, du conseil impérial de l'instruction publique ; le secrétaire général de la préfecture de la Seine remplaçant le préfet ; le préfet de police ; les conseillers de préfecture et municipaux ; les maires, adjoints et sous-préfets du département de la Seine ; les membres du tribunal de commerce, les juges de paix ; les membres des conseils de prud'hommes, du corps impérial des ponts et chaussées, des facultés ; les fonctionnaires supérieurs des administrations centrales, les officiers supérieurs de la garde nationale, les officiers généraux et supérieurs de l'armée de terre et de mer.

A côté de la chaire, des places avaient été réservées pour le corps diplomatique. Presque tous les membres présents à Paris, ayant à leur tête les ambassadeurs de Russie, de Prusse et de Turquie, assistaient à cette cérémonie.

Une tribune spéciale avait été également réservée pour le préfet des Hautes-Pyrénées, pour des députations du conseil général de ce département et du conseil municipal de Tarbes, qui avaient voulu accompagner jusqu'à sa dernière demeure le bienfaiteur de leur contrée.

En dehors des représentants officiels de LL. MM. l'Empereur et l'Impératrice, on remarquait dans l'assistance LL. EExc. M. le duc de Cambacérès, grand maître des cérémonies ; M. le général Fleury, grand écuyer ; M. le prince de la Moskowa, grand veneur ; M. le général Frossard, gouverneur du Prince Impérial, et M. le vicomte de Laferrière, premier chambellan de l'Empereur ; MM. les généraux Le Bœuf, comte de Montebello, Castelnau, aides de camp de l'Empereur, qui avaient tenu à rendre un dernier hommage à l'éminent ministre qui avait constitué la Maison de l'Empereur.

On remarquait encore MM. Alphonse Gautier, Pelletier, de Soubeyran, Berger, successivement secrétaires généraux ou chefs du cabinet de M. Fould.

Le service religieux a été célébré par M. le pasteur Rognon, qui, après la lecture d'un psaume et d'un passage de l'Évangile, a prononcé un remarquable discours dans lequel il a peint à grands traits les hautes qualités de l'homme d'État dont le dévouement à la France et à l'Empereur ne s'est jamais démenti.

Une salve d'artillerie avait annoncé le commencement de la cérémonie ; une autre salve a été tirée au moment de la levée du corps

A midi, le cortége s'est mis en marche dans l'ordre suivant :

Un détachement de gardes de Paris à cheval ;

Un bataillon de chasseurs à pied ;

Deux escadrons de dragons avec colonel et étendard ;

Une brigade de voltigeurs de la garde impériale, général en tête ;

Une division de l'armée de Paris avec généraux de division et de brigade ;

La voiture du pasteur ;

Le char funèbre, entouré d'un bataillon de la garde de Paris et suivi d'un maître des cérémonies portant sur un coussin de velours noir les insignes voilés de grand-croix de la Légion d'honneur et ceux des nombreux ordres étrangers qui avaient été conférés à S. Exc. M. Fould;

La voiture du défunt, voilée de longs crêpes noirs;

La voiture de l'Empereur;

La voiture de S. A. I. le Prince Napoléon;

Les voitures des ministres, maréchaux et amiraux;

Les voitures de deuil;

Les voitures de toutes les députations, des grands corps de l'État et des corps constitués;

Une longue suite d'équipages.

Un régiment de voltigeurs de la garde, une brigade de ligne, une batterie d'artillerie à cheval, un escadron de dragons et un peloton de la garde de Paris à cheval fermaient la marche.

Toutes les troupes étaient sous le commandement du général de division Soumain.

Le défilé a duré près d'une heure.

Sur tout le parcours, depuis le temple de l'Oratoire jusqu'au cimetière, un immense concours de population attendait le passage du convoi et bordait la chaussée dans la rue de Rivoli et sur les boulevards. On peut dire que la population de Paris tout entière assistait à ces obsèques et témoignait par son attitude de la part qu'elle prenait à la perte que vient de faire le pays.

Les restes mortels de M. Fould ont été déposés dans une sépulture de famille.

S. Exc. M. Baroche, ministre de la justice et des cultes, s'est alors avancé, et sur la tombe ouverte s'est exprimé en ces termes :

Messieurs,

Je viens accomplir une bien douloureuse mission. — L'homme éminent dont nous pleurons la mort n'était pas pour moi seulement un collègue depuis près de vingt ans, c'était un ami.

En 1848, un égal dévouement à l'Élu du 10 décembre, la communauté de nos idées, de nos tendances politiques, nous avaient réunis ; le temps changea bientôt ces relations, quelquefois éphémères, en une affection profonde, à laquelle la mort seule devait mettre un terme.

Parler de lui serait presque une consolation pour moi, si, dans une âme déjà brisée comme la mienne, une douleur nouvelle ne soulevait, pour ainsi dire, le flot des anciennes douleurs et ne ravivait des blessures que le temps même ne cicatrisera pas.

Toutefois il ne faut jamais reculer devant un devoir, et mon amitié même me donnera la force de remplir celui que j'ai accepté.

C'est bien de M. Fould qu'on peut dire que la France et l'Empereur ont perdu en lui un serviteur éminent et dévoué.

Tout son passé l'avait préparé au rôle qu'il devait remplir dans la dernière partie de sa vie.

Né à Paris au commencement du siècle, Achille Fould se trouva, dès son entrée dans le monde et au milieu même de son honorable famille, mêlé à un grand mouvement financier. Ses premières impressions, ses études premières décidèrent de la direction de toute sa vie. Aussi, lorsque en 1842 il fut envoyé à la Chambre des députés par le département des Hautes-Pyrénées, ne s'occupa-t-il d'abord que des questions de finances ou d'économie politique, et bientôt il compta parmi les députés qui, sur ces matières, comme sur les questions de douane et les travaux des budgets, inspiraient confiance à la Chambre.

Les premiers événements de 1848 le trouvèrent inébranlable dans son dévouement au pays. Sous

une nouvelle forme de gouvernement, il ne cessa
de voir au-dessus de tous les autres intérêts les intérêts de la France, si gravement engagés : plus le
péril social devenait grand, plus il se crut obligé de
ne pas refuser son concours à ceux qui se vouaient
à la défense de l'ordre.

En septembre 1848, il entra à l'Assemblée cons-
tituante comme représentant de Paris, et là encore
sa place fut bientôt marquée parmi les soutiens les
plus éclairés des vrais principes financiers.

Admis, avant l'élection du 10 décembre, auprès
du Prince Louis-Napoléon, il comprit de suite
qu'en lui était le salut de l'avenir et il se lança réso-
lûment dans le grand courant national d'où sortit
l'élection présidentielle.

Ce fut en octobre 1849 qu'il reçut pour la première fois le portefeuille des finances, et sa nomination fut aussitôt consacrée par la confiance publique.

Depuis cette époque, il a été appelé quatre fois à
diriger ce ministère si important, et l'on peut dire
que chaque nomination fut accueillie comme un
gage de sécurité et de sage progrès.

C'est, Messieurs, que M. Fould a toujours eu
pour but de son administration le bon ordre et
l'économie dans les finances de l'État, et il y tendait

avec toutes les forces de son intelligence et de sa loyauté, avec toute l'énergie de son dévouement.

Au mois de juillet 1852, l'Empereur, en appelant M. Fould au ministère d'État et des Beaux-Arts, lui ouvrit une nouvelle carrière, dans laquelle il a laissé de brillants souvenirs.

Ami des arts, qu'il avait cultivés depuis sa jeunesse, il a eu le bonheur d'attacher son nom à l'œuvre nationale de l'achèvement du Louvre.

En 1857, l'Académie des beaux-arts l'appela dans son sein en qualité de membre libre.

C'est à sa dernière nomination au ministère des finances que se rattache un des actes les plus considérables de notre éminent collègue : son mémoire à l'Empereur écrit au mois de septembre 1861. Cet exposé si complet, si libéral de notre système financier et des règles sur lesquelles repose l'établissement de nos budgets, se terminait par la proposition radicale de renoncer à la faculté qui, sous les chartes anciennes comme sous la Constitution de 1852, appartenait au Chef de l'État, d'ouvrir en absence des Chambres et par décrets des crédits supplémentaires et extraordinaires.

Cette proposition fut acceptée par l'Empereur, qui, dans une lettre aussi honorable pour le Souverain qui l'a écrite que pour le ministre qui l'a reçue, disait à M. Fould :

« J'accepte votre système d'autant plus volontiers que depuis longtemps je cherchais, vous le savez, le moyen d'asseoir solidement le crédit en renfermant les ministres dans le budget réglementaire. Mais ce nouveau système ne fonctionnera avec avantage que si celui qui a pu en approfondir les difficultés veut se consacrer à son exécution. Je viens donc vous charger du portefeuille des finances et je vous sais gré de vous dévouer à cette tâche, dont les résultats seront favorables aux intérêts généraux. Je suis persuadé que, dans cette nouvelle position, vous ne cesserez de donner, comme par le passé, des preuves de dévouement et de patriotisme. »

Que pourrait-on ajouter à un pareil éloge si noblement exprimé ? et que l'on comprend bien qu'après de tels encouragements, M. Fould, sans souci de ses forces et de sa santé déjà ébranlée, se soit livré tout entier à l'accomplissement de la lourde tâche qui lui était confiée !

Il y consacra, pendant cinq laborieuses années, tout ce qu'il avait de courage, d'intelligence et de patriotisme, sans se laisser décourager par les critiques injustes ni par les attaques des partis.

Et, après ce devoir rempli, quand vint le moment de la retraite, il l'accepta sans murmure, en honnête homme qui peut regarder derrière ou devant lui sans rencontrer un seul remords, sans avoir à baisser les yeux devant qui que ce soit.

Aussitôt après la session législative, à laquelle il voulut assister jusqu'à la fin, M. Fould s'était rendu dans sa propriété de Tarbes, dans ce pays où, pendant sa jeunesse, il avait retrouvé la santé, et que, dans sa reconnaissance, il avait adopté, au milieu de populations dont il etait devenu le bienfaiteur et pour lesquelles sa mort est un deuil profond et général.

C'était là qu'il commençait, après les travaux du conseil général, à goûter un repos dont les agitations de la vie politique l'avaient presque toujours privé; par un bonheur qu'il n'avait pas goûté depuis longtemps, sa femme, presque tous ses enfants et petits-enfants étaient réunis autour de lui. — Il était calme, heureux, visité de temps à autre par de vieux amis, avec lesquels il s'entretenait souvent d'intérêts toujours présents à sa pensée et à son cœur : les intérêts de l'Empereur et ceux de la France.

Un soir, après une journée passée au milieu de sa famille, un peu fatigué, il se met au lit et demande qu'on s'éloigne ; — le sommeil va venir, — il le sent.

Ce sommeil, Messieurs, c'est le sommeil éternel, c'est la mort ; et deux heures après, on le trouve inanimé, froid ! — Il s'était éteint presque aussitôt après la retraite des siens, sans agitation et probablement sans souffrance.

Inclinons-nous, Messieurs, devant la volonté divine ; respectons ses décrets, même quand ils nous frappent dans nos plus chères affections. Habituons-nous à pleurer et à souffrir.

A mesure que nous avançons dans la vie, nous voyons successivement tomber autour de nous ceux avec lesquels nous avions fait route jusque-là, nous soutenant les uns les autres, compagnons de travaux et de luttes.

Depuis quelques années à peine, que de pertes cruelles : Billault, Morny, Thouvenel, grands citoyens dont la mémoire appartient à la reconnaissance du pays !

Aujourd'hui c'est à toi, Fould, à toi, notre collègue, notre excellent ami, que nous disons un dernier et douloureux adieu !

Nous garderons pieusement ton souvenir et nous n'oublierons pas les exemples de force et de courage que tu nous as légués.

Homme de bien, politique habile, ministre éminent, aimant avec passion la France et l'Empereur,
repose en paix ! Ta vie a été bien remplie et ton
nom appartient désormais à l'histoire du second
Empire !

Ce discours éloquent, prononcé avec la
plus vive émotion et qui retraçait si bien
les grands services et la glorieuse existence
de M. Fould, a excité dans l'auditoire la
plus profonde sympathie.

M. Lefuel, interprète de l'Académie des
beaux-arts, prenant ensuite la parole, a
dit :

Messieurs,

Une voix autorisée vient de retracer dans un noble langage les services rendus au pays par M. Fould;
elle vous a dit les titres du ministre de l'Empereur
à la reconnaissance publique, son dévouement sincère au bien de l'État, ses mérites éminents.

Ma tâche modeste se borne à parler de l'académi-
cien. C'est en votre nom, Messieurs, c'est au nom
de l'Académie des beaux-arts, dont il fut membre,

que je viens adresser ce dernier adieu à M. Fould,
notre regretté collègue.

Heureux privilége des beaux-arts, de se voir ai-
més et recherchés à la fois par les hautes intelligen-
ces, par les positions considérables! Il semble que
plus est élevée la sphère dans laquelle on se meut,
plus grand est le besoin du charme qui se trouve à
leur doux commerce! C'est ainsi que M. Fould, au
milieu de ses rudes travaux, dans ses préoccupa-
tions arides, se sentit avec bonheur attiré vers vous.
Oui, Messieurs, ce ministre, au faîte de toutes les
dignités, qui chaque jour recevait les hommages
qu'on rend au pouvoir, tint à honneur de faire partie de l'Académie des beaux-arts. Deux fois il se
présenta à vos suffrages : sa candidature, à peine
posée, s'effaça respectueusement devant une candidature plus haute encore; ce fut à la vacance sui-
vante que l'unanimité de vos voix vint consacrer
l'assurance de la haute estime en laquelle vous le
teniez. Et pourtant il était peu connu de vous;
mais, tous, nous savions ses prodigieux efforts, son
activité sans relâche, son zèle pour les intérêts de
l'art; nous savions que, fier de seconder les grands
projets de l'Empereur, il n'était pas un moment qu'il
ne donnât aux immenses travaux qu'il dirigeait per-
sonnellement, et sans crainte d'en assumer sur lui

la plus forte part de responsabilité. La vigoureuse impulsion qu'il imprima eut une influence marquée sur l'excellence de nos procédés et conserva la suprématie de l'école française.

Par la liberté qui règne et domine dans l'art, il est bien difficile qu'un goût particulier, fût-ce celui d'un ministre, établisse son autorité et range sous sa règle tant de sérieuse indépendance : c'est ce que son jugement si droit lui fit comprendre. Avec raison, il pensa que, pour les artistes, les meilleurs stimulants sont les occasions de se manifester : plus elles seront nombreuses en effet, et plus on verra de talents s'exercer d'abord, grandir et bientôt s'affirmer. Ce sont ces occasions que multiplia M. Fould, ce fut la pensée qui l'inspira et qu'il sut mettre en œuvre.

Vous admettiez comme lui ce principe : — de vos positions acquises, et n'apportant plus dans ces questions que votre expérience et votre amour désintéressé de l'art, vous pouviez entrevoir à l'avance les résultats heureux de cette intelligente sollicitude. et vous deviez l'en remercier par vos suffrages. Il joignait à ce titre réel un autre avantage, il savait parler votre langue. Ce ministre, qu'on vit pendant de laborieuses années régler les budgets de l'État, avait étudié la peinture ; entré de bonne heure dans l'atelier de M. Girodet, il y avait pris, au milieu de con-disciples qu'il garda pour amis, ce goût de l'art auquel il dut, j'en suis sûr, les plus doux repos de sa vie.

Il ne pouvait venir, il est vrai, que rarement parmi nous; mais, chaque fois qu'il parut à nos séances, vous avez pu apprécier ce causeur aimable, cet esprit fin et charmant où perçait toutefois ce côté pratique, un peu positif peut-être, de l'homme adonné aux plus graves affaires. Que ne l'avez-vous tous connu, comme ma bonne fortune me permit de le connaître ! Que n'avez-vous pu voir, auprès de qualités qu'on ne songea jamais à lui dénier, cette excessive bonté, si pleine de tendresse, qu'il semblait vouloir cacher, pour qu'on ne vît point, et je le dirai bien bas, certaine faiblesse dont il se défiait parfois. Il est d'ailleurs difficile, en de telles positions, d'être justement apprécié : que de fois n'est-on pas jugé sur une apparence trompeuse, et que de gens, qui ne vous entrevoient qu'à peine et de loin, mettent de légèreté dans l'expression de leur opinion mensongère ! Ah ! que tous ceux qu'il a se-courus et aidés, que tous ceux dont il a fait ou pré-paré l'avenir, que tous ceux qui l'ont approché et chez qui se conserve la reconnaissance, disent avec moi combien de dévouement à ses amis, d'impartiale justice, de gratitude pour les services rendus autour de lui, d'expansions tendres restaient voilés sous ses dehors un peu froids !

Messieurs, au moment où plus de liberté rendue à M. Fould allait lui laisser le loisir de se consacrer tout entier aux premiers goûts de sa jeunesse, quand il allait se mêler plus souvent à nos paisibles débats, et que nous aurions pu profiter des conseils de sa haute expérience, la mort est venue subitement trancher une vie à laquelle de longs et heureux jours semblaient encore promis.

Les pertes sensibles que nous avons éprouvées depuis peu n'ont pas émoussé la vivacité de nos regrets, et cette douleur nouvelle nous devient plus pénible encore après les vides nombreux qui se sont faits dans nos rangs. Que ce dernier adieu, Messieurs, soit aussi un pieux témoignage de notre affectueuse estime pour M. Fould ; que sa mémoire reste fidèlement conservée parmi nous, comme son nom sera respecté par tous ceux qui aiment leur pays et les talents qui l'honorent et le servent.

(Moniteur universel, 15 octobre 1867.)

COUR DES COMPTES

Séance du 4 novembre 1867.

M. le procureur général impérial DE CASABIANCA prononce le discours suivant :

. . . .

Un redoublement d'efforts est nécessaire pour placer les comptabilités communales et hospitalières dans la même situation que celles du Trésor et ne laisser ainsi qu'un court intervalle entre la clôture de l'exercice et le contrôle de la cour. C'est le but que s'est proposé, en soumettant ce décret à la sanction de l'Empereur, le ministre éminent dont la

4

perte inattendue a produit une si profonde et si douloureuse émotion.

La cour s'est associée aux regrets unanimes qui l'ont suivi dans la tombe. Elle ne pouvait oublier qu'à peine appelé au ministère des finances par le choix de l'Empereur, alors président de la république, M. Achille Fould avait fait remonter sur leurs siéges les magistrats que le gouvernement provisoire avait éloignés de cette enceinte.

En même temps que le décret du 2 mai 1848 privait la cour de son chef et de plusieurs de ses membres, il diminuait le nombre des conseillers d'un sixième et par cette mutilation la réduisait à l'impossibilité absolue de remplir les devoirs qui lui sont imposés. Rentré au ministère des finances après une retraite momentanée, M. Fould s'empressa de révoquer une mesure aussi injuste qu'imprévoyante. Il ne se borna point, par le décret du 15 janvier 1852, à restituer à la cour le personnel que lui avait assigné la loi organique de 1807 ; il créa une chambre temporaire pour combler l'arriéré qui s'était accumulé depuis près de quatre ans. Jamais peut-être l'importance de vos fonctions et les services que vous rendez à l'État n'ont été mis en lumière en termes plus saisissants et plus énergiques que dans les considérants de ce décret, précieux témoignage des sympathies dont il nous a donné depuis tant de preuves. Sous aucune autre administration, vous n'avez obtenu une part aussi large dans les vacances qui se sont produites, ni des récompenses honorifiques plus nombreuses et mieux méritées. Vous trouviez en lui le concours le plus bienveillant pour la défense des grands intérêts placés sous votre sauvegarde. Son nom restera gravé dans vos annales comme celui de l'un des ministres qui ont acquis le plus de droits à votre reconnaissance.

Après ce discours, M. le premier président DE ROYER prend la parole et s'exprime ainsi :

Messieurs.

La cour ne saurait reprendre ses travaux sans s'associer aux sentiments que la mort de M. Achille Fould vient d'inspirer à M. le procureur général.

De 1849 à 1867, M. Fould avait été quatre fois ministre des finances. Il avait, à ce titre, appris à connaître vos travaux, l'esprit qui les anime, les abus qu'ils préviennent, les services qu'ils rendent. La fermeté avec laquelle il poursuivait l'ordre dans toutes les branches de la fortune publique et l'équilibre dans les budgets le portait à rechercher votre contrôle et à fortifier votre autorité. Il aimait la cour. Il tenait à s'appuyer sur son expérience et à l'associer à ses vues d'améliorations et de progrès. Il lui demandait au besoin ses collaborateurs les plus sûrs et les plus dévoués. Sa bienveillante justice pour les personnes égalait sa confiance dans l'institution, et ceux qui avaient la délicate mission de lui signaler les plus dignes n'oublieront jamais l'accueil que rencontraient auprès de lui les titres éprouvés et le mérite. Nos auditeurs de première classe lui doivent le décret du 19 mars 1864 qui a sagement concilié le respect des droits de l'ancienneté avec les exigences d'une salutaire émulation.

Ce ne serait ni le moment ni le lieu d'apprécier, comme il convient de le faire, les éminents services rendus par M. Fould au pays et à l'Empereur ; mais nous ne sortirons pas, pour ainsi dire, du cercle de nos attributions et de nos travaux, en consacrant une fois de plus le souvenir du Mémoire qui ramenait M. Fould au ministère des finances en 1861, et qui fut le précurseur et le point de départ du sénatus-consulte du 31 décembre[1].

1. Mémoire à l'Empereur, lu en séance du Conseil privé et du conseil des ministres aux Tuileries, le 12 novembre 1861.

C'est sous l'impression de ce Mémoire, qui se recommande aujourd'hui encore aux méditations des hommes d'État, que l'initiative du Souverain provoquait l'article 3 du sénatus-consulte, aux termes duquel il ne peut être accordé de crédits supplémentaires ou extraordinaires qu'en vertu d'une loi. C'est en donnant son approbation à ce travail que l'Empereur adressait, le 12 novembre 1861, au ministre d'État ces mémorables paroles :

« En renonçant au droit qui était également celui « des Souverains même constitutionnels qui m'ont « précédé, je pense faire une chose utile à la bonne « gestion des finances. . . . .

. . . .

. . . .

. . . . Élu du peuple, représentant « ses intérêts, j'abandonnerai toujours sans regret « toute prérogative inutile au bien public, de même « que je conserverai inébranlablement dans mes « mains tout pouvoir indispensable à la tranquillité « et à la prospérité du pays. »

Six ans nous séparent du sénatus-consulte de 1861. Il a traversé des circonstances exception- nelles ; il a donné lieu et il donnera encore lieu à des appréciations diverses ; mais, en dehors de tout système, il n'est pas sans intérêt de constater que, tandis que de 1854 à 1861, les crédits supplémentaires et extraordinaires, ouverts tant par des décrets que par des lois pour les services habituels des budgets, s'étaient élevés, en moyenne, à 170 millions par exercice, ces crédits qui, à partir de 1862, n'ont pu être ouverts que par des lois, ont progressivement diminué sous le régime du sénatus-consulte, et que, de 1862 à 1866, la moyenne est descendue à 64 millions par exercice [1].

Ce sont là des chiffres et des faits. C'est une trace, entre beaucoup d'autres, de la prévoyance et de la maturité qui présidaient aux conceptions financières de M. Fould.

M. Fould était un de ces caractères élevés et fermement dévoués au bien public qui, loin de s'altérer et de s'aigrir dans la retraite, semblent s'y recueillir, s'y retremper et y puiser de nouveaux éléments d'expérience, de patriotisme et d'autorité.

Le pays le savait, et, comme l'Empereur, il a pris une part sincère au deuil de la famille et des amis de l'ancien ministre.

Le nom de M. Achille Fould appartient désor-

---

1. Pour l'exercice 1866, le dernier de la période, ces crédits ne se sont élevés qu'à 34,742,506 fr. 31 c.

mais à l'histoire. De grands et légitimes honneurs ont été rendus à sa mémoire, mais la cour des comptes lui devait un hommage particulier et en quelque sorte plus intime de regrets et de souvenir.

(Moniteur universel.)

SENAT

Discours de M. le président Troplong :

C'est avec une profonde émotion que je vous par-
lerai de M. Fould, car il était pour moi plus qu'un
collègue, il était un ami. M. Fould était entré dans
la politique sous le précédent gouvernement. Le
suffrage restreint en avait fait un député. La Chambre n'avait pas songé à en faire quelque chose de
plus. Mais quand la révolution de février eut brisé
les anciens groupes parlementaires, le suffrage universel, placé en face des plus graves passions politi-

ques et sociales, vit dans M. Fould un homme capable de les aborder courageusement et de haut. Paris l'envoya à l'Assemblée nationale, et le Prince Président l'appela dans ses conseils. La suite a prouvé dans quelle estime il était auprès de l'Empereur. Sans doute il n'a pas été en permanence au ministère. La politique est un terrain mobile, surtout pour les ministres ; et ce n'est guère que dans les monarchies absolues qu'on voit les ministres. après de longs ministères, mourir à leur poste, comme les Colbert et les Louvois. (Mouvement.) Mais un mandat qui finit n'est pas toujours une amitié qui cesse. M. Fould hors du pouvoir ne perdit pas celle de son Souverain. Il y a même ceci de remarquable, que chaque fois que l'Empereur a mis M. Fould dans les affaires actives, ç'a été pour l'associer à une des idées saillantes ou à l'un des grands faits qui distinguent son gouvernement. Lorsque le Prince Président, par une juste interprétation de la constitution de 1848, eut résolu de faire apparaître son action propre à côté et comme conséquence de sa responsabilité personnelle, il fit appel à des hommes de cœur et de talent, comprenant la différence qui existe entre un monarque inviolable et irresponsable et un chef d'État responsable devant la nation. M. Fould eut place parmi eux, et il contri-

bua à inaugurer pour sa part le système logique et
vrai de l'intervention personnelle du Prince dans la
direction de la chose publique. Quand ensuite,
l'Empire ayant été fait, il fallut organiser le nouveau pouvoir, M. Fould reparut auprès de l'Empereur. Là, il coopéra, en qualité de ministre d'État,
à tout ce qui se fit de grand et d'utile à cette époque de reconstitution, de raffermissement social
et de développement de l'activité nationale. Le Louvre, l'impulsion donnée aux travaux publics, la
forme démocratique des emprunts, la liberté com-
merciale, etc., rappellent sa part de concours. Enfin,
Messieurs, vous n'avez pas oublié la rentrée si flat-
teuse que lui ménagea la bonté de l'Empereur, lorsque Sa Majesté opéra sa mémorable et libérale réforme dans l'usage des crédits extraordinaires. Ce
n'est pas devant vous, Messieurs, auteurs du sénatus-
consulte de 1861, qu'il est nécessaire de faire res-
sortir les avantages du système qu'il consacre. On
peut dire qu'il est un des *palladium* de nos libertés
financières. (Mouvement marqué d'assentiment.)

Je n'ajouterai rien à ce rapide aperçu pour mon-
trer quel rôle éclatant M. Fould a joué sur la scène
politique de son pays. C'est l'Empire qui l'a mis en
lumière et qui l'a élevé. L'histoire impartiale l'en
louera. Elle dira que cet homme d'État, qui eût pu

se reposer doucement dans les jouissances du luxe, leur préféra le rude labeur d'une vie utile au pays ; que, doué d'éminentes facultés, il eut l'esprit large et libéral des économistes anglais, l'esprit d'ordre et de loyauté des Corvetto et des Louis, l'esprit pénétrant, sobre et fécond des Villèle. Ces hommes supérieurs furent ses modèles ; il sera modèle à son tour, et il comptera avec honneur parmi les administrateurs qui ont joui de la confiance de cette puissance indépendante et souveraine qu'on appelle le Crédit, puissance insaisissable, qui ne consent à se donner qu'aux financiers d'élite et aux gouvernements loyaux. (Bravo ! — Très-bien ! très-bien !)

(Moniteur universel.)

TABLE